L'ANTISÉMITISME

EN

ALGÉRIE

PAR

E. NICAISE

INGÉNIEUR CIVIL

Prix : **10 centimes**

L'ANTISÉMITISME

EN

ALGÉRIE

PAR

E. NICAISE

INGÉNIEUR CIVIL

PRIX : **10 centïmes**

L'ANTISÉMITISME EN ALGÉRIE

Maintenant que le calme semble être revenu, non seulement dans la rue, mais aussi dans les esprits, il n'est pas mauvais de remonter le courant et d'analyser les causes et les conséquences du mouvement antisémitique.

Entre les juifs et les antijuifs, il y a tout une classe de citoyens et j'aime à croire que c'est la plus nombreuse qui ne demande qu'au travail ses moyens d'existence.

C'est à cette catégorie que j'appartiens et c'est parceque le mouvement antijuif m'atteint dans ma liberté de travailleur, que je veux tâcher d'opposer la raison à la violence pour le plus grand bien de ceux qui peinent.

Mon opinion n'est pas intéressée, c'est après mûre et impartiale réflexion, sans parti pris et sans passion que je proclame : « C'est à tort que le marasme des affaires est attribué aux israélites et moins que partout ailleurs, la question juive n'a sa raison d'être en Algérie. » Elle n'est exploitée que par des commerçants et des étrangers et préconisée par quelques politiciens qui cherchent à ramasser une sinécure et un mandat dans la misère publique.

Mon désir est de mettre en garde les vrais français contre les excitations malsaines de certaines individualités.

Toutes les opinions quelles qu'elles soient sont respectables si elles sont sincères et j'accepterai toujours de discuter avec des gens convaincus, mais ce que je ne puis admettre c'est la discussion avec des saltimbanques qui remplacent les arguments par des injures ou des coups.

Français je suis, par ma naissance, mon éducation, l'accomplissement de mes devoirs civiques; catholique par le fait d'une volonté extérieure à la mienne et mes convictions ont pour base la tolérance et le respect de toutes les croyances sincères.

Dans cette brochure, c'est aux Français que je m'adresse aux descendants de ceux qui ont proclamé les droits de l'homme et non à ceux qu'une naturalisation prématurée n'a pu imprégner ni de notre caractère, ni de notre loyauté, ni de notre générosité.

Je n'ai pas à défendre les juifs qui sont de taille à se défendre seuls, mais je tiens à démontrer qu'on peut ne pas être juif, sans pour cela être antijuif.

Quelques considérations historiques montrant pourquoi les individus de religion juive sont plus généralement adonnés à la banque, au commerce et aux métiers se rapportant aux matières précieuses, pourquoi ils sont restés sans mélange, pourquoi ils n'ont pas de nationalité distincte, expliqueront ma manière de voir à leur égard, sans pour cela que je ferme les yeux sur les fautes commises par les individus, mais il n'entrera jamais dans mon esprit de rendre une collectivité responsable des fautes individuelles.

———

Au moyen-âge, et jusqu'à ce que la science ait affranchi l'esprit humain du joug religieux et particulièrement du joug de l'église catholique, le juif considéré comme le meurtrier du Sauveur était voué à l'exécration des masses. Au sortir du sermon, exalté par les paroles du prédicateur la populace se ruait sur les quartiers juifs et mettait tout au pillage.

L'instinct de la conservation, la nécessité d'assurer leur existence, obligeaient les juifs à avoir leurs biens sous un petit volume, facilement dissimulable, de façon à mettre leur fortune en lieu sûr, à l'abri du pillage ; ils faisaient la banque qui développe au plus haut degré le goût et les aptitudes du commerce, ou bien ils étaient orfèvres, bijoutiers, lapidaires, etc., etc., toutes professions leur permettant de se mettre rapidement à l'abri d'un coup de main.

Il est à remarquer d'ailleurs que les corporations, maîtrises et jurandes qui groupaient tous les autres corps d'états étaient placées sous la protection de l'Eglise et que l'accès en était impitoyablement refusé aux juifs.

Ces persécutions séculaires sont un argument en faveur de la valeur morale du juif, car s'il est resté seul, isolé et persécuté au milieu de la Société intolérante catholique du moyen-âge, c'est qu'il a préféré sa foi et la liberté de sa conscience à la quiétude de sa vie.

Que seraient aujourd'hui les juifs s'ils s'étaient faits chrétiens en masse il y a 5 ou 600 ans, ils seraient absolument confondus avec la population des pays où ils vivent et on ne parlerait plus de la nation juive qui réellement n'existe pas.

Exemple l'Espagne qui au temps de l'inquisition a baptisé les juifs et les maures le couteau sur la gorge. On ne parle plus de juifs espagnols et pourtant, les Fernandez, Ibânes Fernandez, Mira, etc., etc. sont d'origine juive. Incidemment on remarquera que le baptême forcé des juifs n'a pas introduit en Espagne un élément de prospérité.

On se défend de faire à la fin du XIXᵉ siècle une guerre de religion et c'est absolument ce qu'on fait.

Les juifs appartiennent à la race sémite mais ils ne sont pas le seul peuple appartenant à cette race. Si donc on fait une distinction entre les différents peuples de race sémite, la différence ne porte que sur le culte c'est donc bien une guerre de religion que l'on fait et pas autre chose.

C'est l'intolérance religieuse du moyen-âge qui est cause que les juifs sont restés sans mélanges.

Peut-on admettre que la loi naturelle n'ait pas eu de prise sur eux ? Peut-on admettre qu'aucun juif n'ait aimé une catholique et vice-versâ ? non ! Ce qui a empêché l'union intime des races, c'est l'excommunication et l'interdit réservé par notre religion intolérante à ceux ou celles qui contractaient alliance avec les juifs.

Grâce aux progrès de la science, grâce aux progrès de l'esprit humain les juifs se fondront avec les peuples où ils vivent, mais il ne faut pas renouveler les fautes commises, il faut leur donner une quiétude et une sécurité qui ne fasse pas ressembler leur assimilation à une lâcheté, à une abdication intéressée.

Ce n'est ni la foi catholique, ni la foi musulmane, ni aucune autre qui attirera les juifs, c'est la pensée libre, dégagée de tout esprit d'intolérance, c'est la science qui leur montrera l'inanité du dogme biblique comme du dogme chrétien, musulman, etc., etc.

Toutes les religions sont des moyens d'asservissement de l'esprit humain pratiqués par une minorité intelligente et adroite sur la masse du peuple.

Déjà un grand nombre de juifs instruits ne pratiquent pas leur religion. et l'un d'eux me faisait cette confidence : « Je ne pratique pas ma religion, mais je me fais un cas de conscience de remplacer la religion de mes pères à laquelle je ne crois plus par une autre à laquelle je ne crois pas. »

La Judée, pays d'origine des juifs a été en raison de sa situation géographique le champ de bataille des différentes civilisations qui depuis les temps les plus reculés se sont disputé l'empire du monde. Les Egyptiens, les Perses, les Romains, les Arabes, les Mongoles, les Turcs sans excepter les croisades des peuples occidentaux, ont tour à tour porté la ruine et la désolation sur les rives du Jourdain. Les habitants primitifs de ces contrées ont dû émigrer et se répandre dans des régions plus hospitalières.

Considérés comme des intrus dans les pays où ils ont émigré, ayant une religion trop vieille pour faire du prosélytisme, ils sont, ainsi que je l'expliquerai plus haut restés sans mélange au milieu des peuples où ils ont été accueillis.

La Convention Nationale en decrètant les droits de l'homme leur a ouvert les portes de la Nation française et il faut être sectaire endurci pour ne pas reconnaître qu'ils se sont montrés dignes et reconnaissants de cette faveur.

L'ANTISÉMITISME EN FRANCE ET EN ALGÉRIE

D'aucuns prétendent que l'antisémitisme Français n'a rien de commun avec l'antisémitisme Algérien. Certes, il y a une différence, l'antisémitisme Français est une œuvre de réaction cléricale, il a la franchise de son opinion. En Algérie où la question religieuse ne passionne personne, on a voulu mettre ser l'antisémitisme local une étiquette économique ; on a attribué aux juifs le malaise qui pèse sur les affaires et on a exploité la misère publique au cri de « A bas les juifs ». Je montrerai tout à l'heure à qui cela profite. Ce que je puis dire dès maintenant c'est que le cri de « A bas les juifs » est une formule politique et économique.

L'Algérie traverse une crise difficile, cette crise a des causes ; certains politiciens ont trouvé le remède : « A bas les juifs » avec cela pas besoin de travail, de science ni de convictions, pas besoin d'établir un programme de réformes permettant à l'Algérie de devenir riche et prospère ! non ! La panacée

universelle est trouvée : « A bas les juifs »
et si un malencontreux contradicteur veut
poser des questions embarrassantes, savoir
ce qu'il y a au fond du cerveau de nos aspi-
rants maîtres on lui criera dans la figure
« A bas les juifs » on le traitera de judaïsant,
on aura même pour lui (s'il n'est pas très
bien bâti) des arguments plus frappants et il
devra être convaincu que le seul remède au
marasme des affaires est de se mettre pieds
et poings liés à la merci de quelques famé-
liques qui ne parlent avec dédain de l'assiette
au beurre que parce qu'ils ne sont pas à la
curée et ne peuvent s'y tailler la part du lion.

Comme l'a si bien dit M. le Gouverneur
général Lépine dans la séance de la Chambre
du 19 février dernier : « On ne fonde rien sur
la haine. » C'est à une œuvre de haine par
conséquent à une œuvre stérile qu'on nous
convie.

L'Algérie a la bonne fortune d'avoir à sa
tête un homme de travail ayant des idées
larges et nouvelles, soucieux de remplacer
la vaine politique par des réformes pratiques.
Le devoir de tous les Français est de se grouper autour de lui, de lui donner l'appui moral
nécessaire pour élaborer dans le calme et la
paix un programme de réformes algériennes.
Et si ce programme n'est pas conforme aux
intérêts supérieurs de l'Algérie, nous le lui
dirons avec la même franchise avec la même
liberté d'esprit que nous disons aujourd'hui

aux antijuifs vous poursuivez une œuvre néfaste pour l'Algérie.

Il ne faut pas oublier que nous sommes ici en pays ennemi. Le Gouvernement métropolitain a envoyé un porte-drapeau, le devoir de tous les Français est de le soutenir car il représente « La Patrie ». Je ne descends pas dans la rue crier « Vive l'Armée » parce que je crois inutile de faire constater mon patriotisme, vienne l'heure du danger, les hommes qui feront leur devoir sans phrases seront légion et ne sortiront pas des rangs de ceux dont le patriotisme est si incertain qu'ils éprouvent le besoin de le faire constater publiquement.

La question juive en Algérie a surtout pour origine la naturalisation en bloc des israélites opérée par la décret du 24 octobre 1870. Ce n'est pas ici le lieu de rechercher les causes profondes qui ont fait demander par les hommes les plus libéraux de l'époque la naturalisation des juifs indigènes ; je le ferai peut-être plus tard ; dans cette brochure, forcément écourtée, je veux seulement mettre le public à même de se rendre compte des avantages du décret et des inconvénients qu'il y aurait à le rapporter.

Les juifs indigènes ont été naturalisés parce que dès le début de la conquête, ils avaient été des auxiliaires utiles de notre domination et qu'il convenait de grouper contre le danger arabe le plus d'intérêts et d'individus possible;

d'ailleurs, le décret du 24 octobre 1870 n'a pas été improvisé et n'est pas l'œuvre personnelle de M. Crémieux, il porte les signatures de Crémieux, Gambetta, Glais-Bizoin et Fourichon, tous gens dont le patriotisme ne saurait être mis en doute.

Posée dès 1847, la question de naturalisation des juifs n'a pas cessé d'être reprise par toutes les assemblées délibérantes de la Colonie. Le premier projet de décret élaboré par le Conseil d'Etat laissait aux israélites un délai d'une année pour opter entre la qualité de Français et celle d'indigène et c'est sur les instances du maréchal de Mac-Mahon, alors Gouverneur Général de l'Algérie que la qualité de Français fut *imposée* aux israélites.

Les causes qui ont motivé la naturalisation des juifs sont les mêmes que celles qui font donner la qualité de Français aux fils d'étrangers nés en Algérie : c'est pour parer aux dangers que ferait courir à la colonie la dénationalisation du sol, des capitaux et de tous les instruments de travail.

Parmi les nouveaux Français, il y a une classe qui est pressée de jouir, c'est tout justement celle là qui constitue le gros de l'armée antisémite, c'est l'élément étranger.

Le mal dont souffre l'Algérie est dû au cosmopolitisme de sa population. — Alors que l'élément français est divisé par la politique, il se heurte à la solidarité étrangère.

Les Italiens, les Espagnols, les Maltais, etc., emploient presqu'exclusivement leurs nationaux qui travaillent à meilleur marché ; les salaires s'avilissent et l'ouvrier français qui a plus de besoins à satisfaire ne peut vivre dans un pays où seul il a le droit de parler en maître.

Quelle habileté, qu'elle finesse a-t-il fallu à tous ces étrangers pour passionner l'élément ouvrier contre les juifs.

Une simple réflexion suffit pour montrer l'erreur. — Ouvriers français vous faites un grief aux juifs de ne pas manier l'outil ni la charrue ? Mais s'ils étaient ouvriers ils vous feraient concurrence et votre misère augmenterait. Qui donc vient vous retirer le travail des mains à vous, maçons, menuisiers, forgerons, etc., etc., sont-ce les juifs ? Qui donc travaille à vil prix ? Il suffit de visiter un chantier quelconque pour s'en apercevoir. — Les patrons étrangers tablant sur le taux de la main-d'œuvre de leurs nationaux ont tellement avili les prix que les patrons français sont obligés de se priver de votre concours trop cher et qu'eux aussi, faisant passer leur intérêt avant la solidarité nationale, emploient des ouvriers étrangers. Et pour détourner votre attention du péril, ils crient « A bas les juifs » afin de vous faire croire que là est la cause de votre misère.

L'abrogation du décret Crémieux est impos-

sible et cela pour plusieurs raisons : les unes
morales, les autres économiques. Si la France
retirait la qualité de Français à ceux qui en
jouissent depuis 28 ans, qui ont rempli les
obligations que cette qualité leur imposait, elle
ferait une faillite morale indigne d'une grande
nation.

D'ailleurs, l'effet serait des plus limités car
il ne pourrait toucher qu'un très petit nombre
d'individus, ceux qui ont profité directement
du décret et non ceux qui sont nés Français.

Le résultat serait temporaire, car la porte
de la naturalisation resterait ouverte aux juifs
dépossédés de leur nationalité.

Et c'est là où apparaît un des côtés les plus
graves de la question. Qui peut être certain
que les juifs ne rechercheront pas une autre
nationalité que la nôtre ?

L'Angleterre, l'Allémagne, les États-Unis,
où la lutte économique est si âpre n'hésite-
raient pas à naturaliser par des lois faites
spécialement pour s'emparer de notre marché,
les juifs qui demanderaient à leurs couleurs
la protection de leurs intérêts.

D'autre part, si les juifs offrent un danger,
c'est sûrement l'accumulation de gros capitaux dans une seule main ; or le décret
Crémieux a porté un coup mortel aux grosses
fortunes juives. Le statut personnel n'admet-
tait pas les filles au partage des biens tandis
que la loi française oblige le morcellement des
héritages entre tous les héritiers directs, filles

au garçons. D'ailleurs l'origine des grosses fortunes juives et antérieure à 1870 elles ont surtout pour cause les plus-values considérables prises par les immeubles à la suite de l'occupation française et ceux qui se sont enrichis depuis la promulgation du décret Crémieux sont très clairsemés.

L'abrogation de ce décret, en admettant qu'elle fût possible, n'apporterait aucune modification à la manière d'être des israélites au point de vue économique ; au contraire, elle permettrait la reconstitution de grosses fortunes qui seraient maîtresses du marché. Le seul changement appréciable que produirait cette mesure serait la radiation des israélites des listes électorales et c'est là le seul point ou veulent en venir les meneurs de l'antisémitisme.

Mais là aussi, le sol se dérobe sous leurs pieds. Comment, vous venez prétendre que les juifs vendent leurs voix. Avez-vous des preuves certaines ? Vous n'ignorez pas que ce trafic est puni par les lois, pourquoi n'avez-vous pas déféré aux tribunaux les individus coupables. La vérité, c'est que si quelques inconscients comme il y en a même parmi les Français et j'en connais, qui ont reçu de l'argent ou des promesses en échange de leurs voix, ils sont en très petit nombre. Il est certain que si les juifs s'achetaient, vous seriez des enchérisseurs certains.

Comme l'a très bien fait ressortir M. Bourlier à la séance de la Chambre du 19 février dernier, dans les villes où les juifs sont en nombre suffisant pour peser dans la balance électorale, les municipalités sont radicales, socialistes et même antijuives, témoins : Alger, Oran, Constantine. La prépondérance des juifs dans les élections est un argument sans valeur, leur influence est surfaite, les faits le prouvent de la façon la plus absolue.

Mais alors pourquoi fait-on la guerre aux juifs ? C'est tout simplement à cause de leur religion.

On les accuse bien il est vrai de pratiquer l'usure, mais ils n'en ont pas le monopole, les Espagnols, les Italiens, les Maltais, les Mozabites, les Kabyles font l'usure sur une grande échelle et on peut même affirmer que presque toutes les grosses fortunes édifiées en Algérie n'ont pas d'autre base que l'usure, que l'exploitation féroce du colon, de l'indigène, de l'ouvrier par le capital.

On les accuse encore de faire abus de la faillite et de la liquidation judiciaire. C'est une erreur de croire qu'ils sont les seuls à user de ces pratiques ; Il y a en Algérie des maisons israélites très honorablement connues comme il y a des maisons françaises qui ont une réputation détestable et il est mauvais et injuste d'englober la collectivité israélite dans la réprobation méritée par des individualités quelque nombreuses qu'elles puissent être.

On leur fait un grief de crier : « A bas les Français. » J'avoue que pour mon compte je n'ai jamais entendu proférer ce cri, mais l'eussé-je entendu que je n'y aurai attaché que sa véritable signification qui est de « A bas les chrétiens » en réponse au cri de « A bas les juifs. » Si le cri a été poussé, tous les juifs instruits le déplorent mais on ne peut les rendre responsables des intempérances de langage de quelques individus de basse extraction, sans éduction ni instruction d'aucune sorte, qui répondent à une injure par une autre qu'ils croient équivalente.

Les placards et écrits provocateurs dont certains journaux intéressés ont flagellé les juifs peuvent être attribués à des agents de désordre de l'un ou l'autre parti.

Indépendamment de la révocation du décret Crémieux, les antijuifs mettent dans leurs programme : « Expulsion des juifs après révision des fortunes. » Voilà une énormité qui montre à quelles basses suggestions obéissent les promoteurs de l'antisémitisme, l'envie de ce qu'ils ne possèdent pas.

De deux choses l'une : ou les fortunes ont été légalement acquises et la révision ouvrirait l'ère de la spoliation des minorités, aujourd'hui les juifs, demain les protestants, après-demain les francs-maçons, etc., etc., ou bien elles ont été acquises délictueusement, les lois actuelles suffisent pour faire

rendre gorge, mais il appartient aux intéressés de se plaindre.

L'expulsion des juifs aurait un inconvé-
nient qui n'est pas examiné par les écono-
mistes en chambre qui aspirent à diriger les
destinées de l'Algérie. Il est incontestable
que les Français n'ont pas encore acquis les
qualités indispensables de finesse et de
patience nécessaires pour faire des transactions avec les indigènes, qui, à une bonne
foi douteuse joignent une roublardise et un
mercantilisme exagéré.

Si les Français expulsaient les juifs, ils
seraient les dupes, car ils tireraient les mar-
rons du feu au profit des étrangers, des
Mozabites et des Kabyles qui certes ne va-
lent pas les juifs, car ils ne dépensent rien,
faisant tout par eux-mêmes. Le juif au contraire quand il gagne beaucoup d'argent en
dépense beaucoup et si les affaires sont dans
le marasme les israélites n'en sont nullement
responsables.

Nous allons tâcher d'indiquer *grosso modo*
les vraies causes du mal.

La principale de toute est la mauvaise
méthode de colonisation employée jusqu'à ce
jour.

On fait de la colonisation sans avoir assuré
le crédit agricole aux colons. Quel que soit
leur courage et leur bonne volonté, ils ne
peuvent se sortir d'affaire si le crédit leur
manque pour mettre en valeur la terre im-

productive que le Gouvernement leur alloue.

Les voies de communications sont trop restreintes pour favoriser les transactions.

Les moyens de transport sont imparfaits et coûteux.

La sécurité des biens et des personnes n'existe pas.

Le peu de progrès réalisés par la colonisation l'ont été grâce à l'argent prêté à des taux supposés usuraires mais qui ne l'étaient pas en réalité étant donnés les risques de pertes que couraient les prêteurs se substituant au crédit public qui n'existe pas.

Les expropriations du fait des israélites sont très peu nombreuses. Il est facile de dire, les juifs ont exproprié sans pitié les colons et les arabes, mais chacun dans son petit cercle d'exploration peut rechercher d'où viennent les expropriations : à quelle catégorie d'habitants de l'Algérie va la fortune foncière. C'est certainement à l'élément étranger, Espagnol à Oran et Alger, Italien et Maltais à Constantine.

D'autres causes contribuent à gêner l'Algérie dans son développement :

1° Le manque de numéraire. L'argent est drainé méthodiquement par les étrangers qui pour la plupart habitent l'Algérie en oiseaux de passage et les fonctionnaires qui se privent pendant dix mois du nécessaire pour donner pendant deux mois à leurs parents et amis de France l'illusion d'une opulence achetée par les plus dures privations au grand dam de la colonie ;

2° L'Administration française est trop formaliste. Bien qu'on ait reconnu qu'un régime d'exception était indispensable à la bonne marche de l'Administration coloniale, on a importé toute la vieille législation paperassière française qui ne connaît pas la valeur du temps alors que dans un pays comme le nôtre, le temps est tout.

On pourrait faire un volume avec la nomenclature des ruines amoncelées par les lenteurs administratives.

Lorsqu'on fait un grief aux juifs d'accaparer les emplois administratifs (ce qui n'est pas vrai) on semble oublier que le Français qui vient ici doit avoir une idée plus haute de sa mission civilisatrice que celle qui consiste a user des fonds de culotte sur un rond de cuir en lisant un journal et en cherchant comment on pourrait arriver à taquiner un peu le contribuable.

Il n'est pas douteux que les affaires n'iraient pas plus mal si on employait dans les administrations publiques les éléments algériens aussi divers soient-ils au lieu d'implanter des fonctionnaires métropolitains qui sollicitent et obtiennent leur rapatriement dès qu'ils commencent à être aptes à rendre quelques services.

Dans l'ensemble de la population, il y a

des éléments qui n'ont aucun motif de ne pas observer une neutralité bienveillante à l'égard des juifs et ce sont pourtant ceux là qui à première vue sont à la tête du mouvement antisémite.

C'est au premier rang les ouvriers. Ils ne sont victimes ni de l'usure, car même à un taux élevé on ne leur prête pas, ni de la concurrence manouvrière, peu d'israélites exerçant des professions manuelles.

Ils profitent au contraire de la concurrence faite par les juifs aux autres commerçants qui les exploiteraient au delà de toute limite si elle n'existait pas.

Ils profitent également des travaux que les juifs riches font exécuter, alors que les étrangers font pour la plupart leurs placements de fonds ailleurs qu'en Algérie.

Les colons n'ont guère de raisons d'être antijuifs car ils trouvent plus facilement chez les juifs que partout ailleurs le crédit qui ne leur a pas été assuré par l'Etat.

Quant aux fonctionnaires besogneux, où trouvent-ils en dehors des israélites des gens que le respect de la fonction rend susceptibles de faire une avance si minime qu'elle soit à son titulaire.

Prêtez de l'argent à un ami, vous perdez l'argent et l'ami. Les juifs font la triste expérience de cet axiome, c'est leur facilité à rendre service qui a ameuté contre eux tous ceux à qui la reconnaissance pèse.

Une seule classe de la population a des motifs d'être antijuive, ce sont les commerçants qui ne peuvent, grâce à la concurrence israélite, exploiter à leur gré les ouvriers, les colons, les fonctionnaires et les arabes. Ils sont antijuifs au même titre qu'ils sont ennemis acharnés des sociétés coopératives.

On peut dire que le dernier mouvement antijuif a été une question de boutique qui se continue quand on voit les organes officiels du parti essayant de rétablir une petite terreur en signalant les personnes qui achètent chez les juifs. Ce chantage moral peut effrayer les esprits simples et il dénote chez leurs auteurs un cynisme et un manque de sens moral révoltant.

Que faites-vous donc de la liberté individuelle ? Avouez donc que vous ne voulez accorder à vos contemporains qu'une seule liberté, celle de penser comme vous ? Quel joli régime de tolérance nous jouirions si jamais ces gens-là arrivaient aux affaires.

La forme du dernier mouvement antisémite est stupide. Aucun préjudice n'a été porté aux israélites qui seront largement indemnisés, avec nos deniers, des pertes subies.

Les plus atteints seront les ouvriers, ces éternelles dupes des politiciens, qui pouvaient espérer que le dérasement des fortifications donnerait un peu de vie aux affaires mais qui ne doivent plus compter que partiellement sur cette aubaine en présence de l'abstention presque certaine des israélites dans les acquisitions de terrains ;

Les négociants français qui devront attendre indéfiniment le paiement des marchandises détruites par les fauteurs de troubles;

Enfin, l'Algérie tout entière qui agonise de la timidité des capitaux métropolitains, timidité qui ne pourra qu'augmenter en raison des derniers troubles.

FRANÇAIS,

Ouvriers, Colons et Fonctionnaires,

La question antijuive habilement exploitée sert de tremplin électoral ; cherchez en votre âme et conscience, à qui peut profiter l'agitation faite autour de cette question et une fois votre conviction établie, allez aux urnes !

Je ne suis pas juif, j'ai expliqué pourquoi je ne veux pas être antijuif; c'est parce que je ne veux pas suivre un mouvement qui a pour objectif de masquer le danger étranger et qui conduit l'Algérie à sa ruine. Peut-être faudra-t-il, bon gré mal gré, goûter de l'antisémitisme ? A l'œuvre on connaît l'artisan ! Je souhaite que le mal produit par l'expérience, si elle est tentée, ne soit pas irréparable et que l'Algérie ne subisse pas un assaut mortel.

Vive la France !

Vive l'Algérie française !

Alger, le 14 mars 1898.

E. NICAISE.

Ingénieur civil.

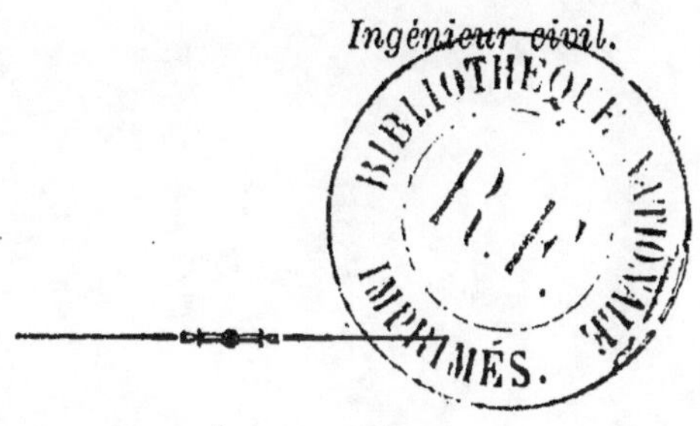

www.ingramcontent.com/pod-product-compliance
Lightning Source LLC
Chambersburg PA
CBHW061705050726
47598CB00004B/1703